Impressum
Verlag: BABADADA GmbH, Nedderfeld 112 , 22529 Hamburg
Geschäftsführer / Verlagsleitung: Harald Hof
Druck: Books on Demand GmbH, In de Tarpen 42, 22848 Norderstedt

Imprint
Publisher: BABADADA GmbH, Nedderfeld 112 , 22529 Hamburg, Germany
Managing Director / Publishing direction: Harald Hof
Print: Books on Demand GmbH, In de Tarpen 42, 22848 Norderstedt, Germany

a împărţi
dělit

186/2

tablă
tabule

sală de clasă
třída

curte a şcolii
školní hřiště

profesor
učitel

hârtie
papír

a scrie
psát

instrument de scris
pero

masă de birou
psací stůl

riglă
pravítko

carte
kniha

elev
žák

ghiozdan

aktovka

penar

penál

creion

tužka

ascuţitoare

ořezávátko

radieră

guma

bloc de desen

blok na kreslení

desen

výkres

pensulă

štětec

cutie de acuarele

malířské potřeby

foarfece

nůžky

lipici

lepidlo

caiet de exerciții

cvičebnice

temă

domácí úkol

12

număr

počet

2+2

a aduna

sčítat

5-2

a scădea

odčítat

2×2

a multiplica

násobit

a calcula

počítat

A

literă

písmeno

ABCDEFG HIJKLMN OPQRSTU VWXYZ

alfabet

abeceda

cuvânt

slovo

text

text

a citi

číst

cretă

křída

oră

hodina

catalog

třídní kniha

examen

zkouška

certificat

vysvědčení

uniformă şcolară

školní uniforma

educaţie

vzdělání

enciclopedie

encyklopedie

universitate

univerzita

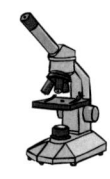

microscop

mikroskop

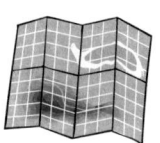

hartă

karta

coş de gunoi

odpadkový koš na papír

călătorie

cesta

hotel
hotel
Grand
hostel
ubytovna
ROOMS
EXCHANGE
casă de schimb valutar
směnárna
valiză
kufr
autovehicul
auto

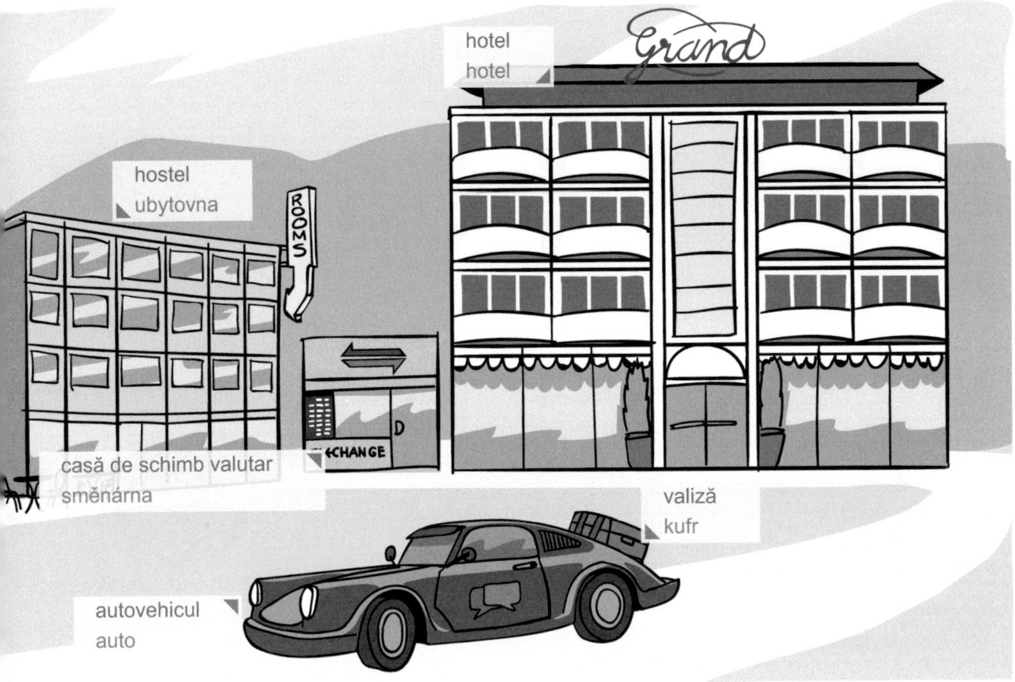

limbă

jazyk

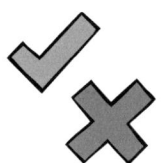

da/nu

ano / ne

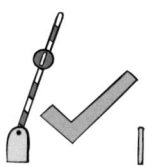

okay

oukej

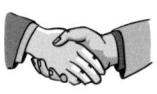

Bună!

Ahoj!

interpret

překladatel

mulțumesc

děkuji

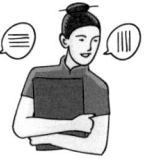

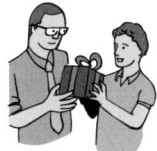

Cât costă...?

Kolik stojí...?

Nu înțeleg

nerozumím

problemă

problém

Bună seara!

Dobrý večer!

Bună dimineața!

Dobré ráno!

Noapte bună!

Dobrou noc!

la revedere

na shledanou

direcție

směr

bagaj

zavazadlo

geantă

taška

rucsac

batoh

oaspete

host

cameră

pokoj

sac de dormit

spací pytel

cort

stan

unct de informare turistică

turistické informace

plajă

pláž

carte de credit

kreditní karta

mic dejun

snídaně

masa de prânz

oběd

cină

večeře

bilet de călătorie

jízdenka

lift

výtah

timbru poştal

poštovní známka

graniţă

hranice

vamă

clo

ambasadă

poselství

viză

vízum

paşaport

pas

transport
transport

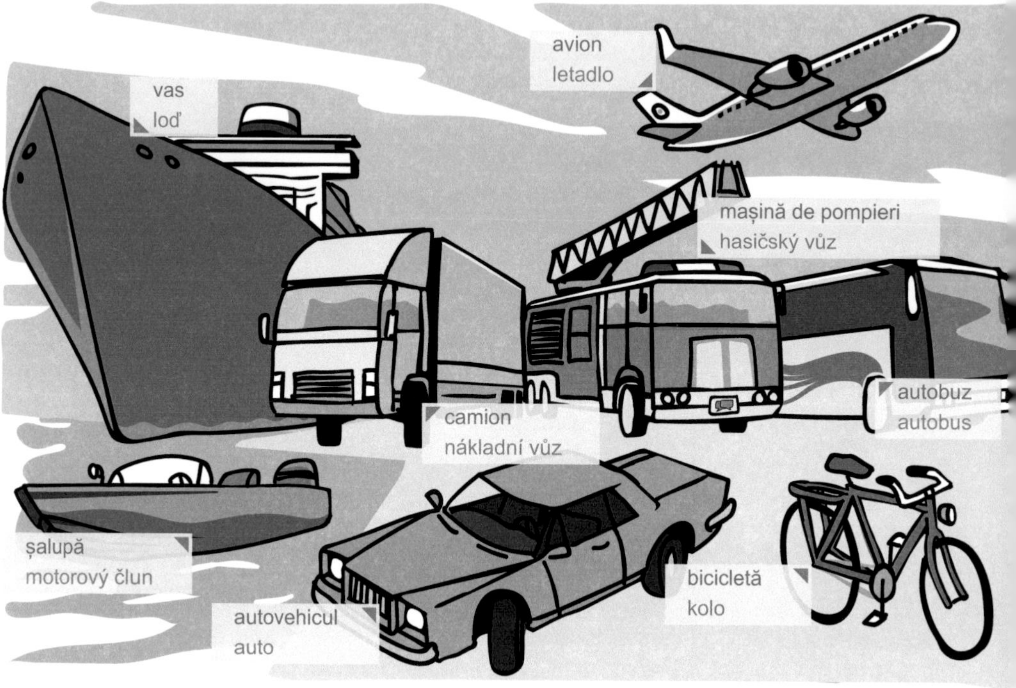

avion
letadlo
vas
loď
mașină de pompieri
hasičský vůz
autobuz
autobus
camion
nákladní vůz
șalupă
motorový člun
bicicletă
kolo
autovehicul
auto

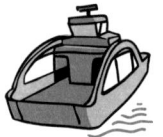

feribot

přívoz

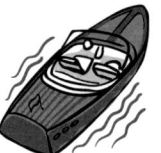

barcă

člun

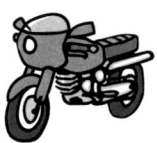

motocicletă

motorka

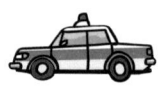

mașină de poliție

policejní auto

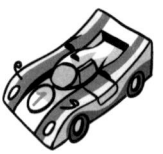

mașină de curse

závodní auto

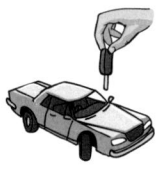

mașină închiriată

pronajaté auto

car sharing

sdílení aut

mașină de tractat

odtahová služba

mașină de gunoi

popelářský vůz

motor

motor

combustibil

palivo

benzinărie

čerpací stanice

semn de circulație

dopravní značka

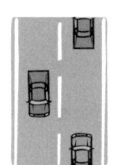

trafic

doprava

ambuteiaj

dopravní zácpa

parcare

parkoviště

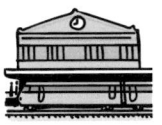

gară

vlakové nádraží

șine

koleje

tren

vlak

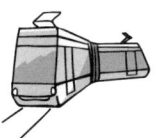

tramvai

tramvaj

vagon

vagón

elicopter
helikoptéra

aeroport
letiště

turn
věž

pasager
pasažér

container
kontejner

carton
kartón

căruţă
trakař

coş
koš

a decola/a ateriza
vzlétnout / přistát

oraş
město

sat
vesnice

centru
střed města

casă
dům

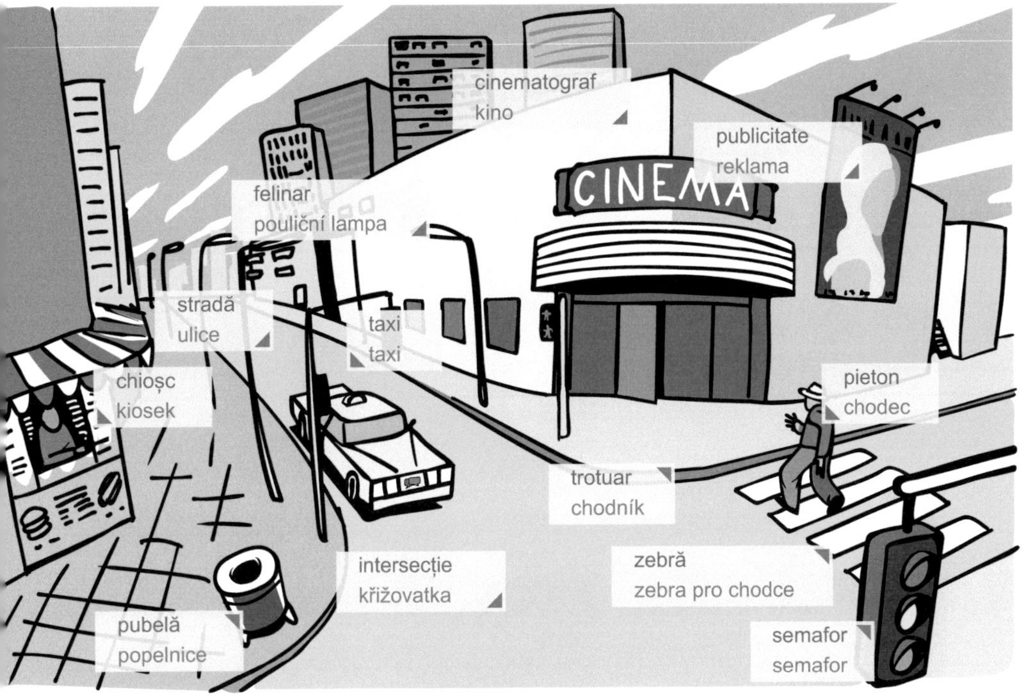

cinematograf
kino
CINEMA
publicitate
reklama
felinar
pouliční lampa
stradă
ulice
taxi
taxi
chioșc
kiosek
pieton
chodec
trotuar
chodník
zebră
zebra pro chodce
intersecție
křižovatka
pubelă
popelnice
semafor
semafor

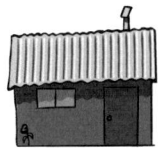

cabană

chata

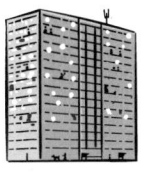

apartament

byt

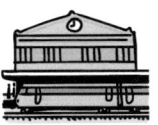

gară

vlakové nádraží

primărie

radnice

MUSEUM

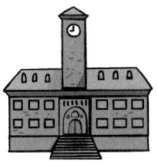

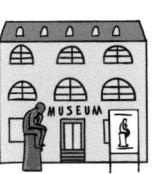

muzeu

muzeum

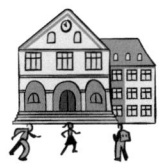

școală

škola

universitate

univerzita

bancă

banka

spital

nemocnice

hotel

hotel

farmacie

lékárna

birou

kancelář

librărie

knihkupectví

magazin

obchod

florărie

květinářství

supermarket

supermarket

piață

tržnice

magazin universal

obchodní dům

comerciant de pește

rybárna

centru comercial

nákupní centrum

port

přístav

parc
park

bancă
lavička

pod
most

trepte
schody

metrou
metro

tunel
tunel

stație de autobuz
autobusová zastávka

bar
bar

restaurant
restaurace

cutie poștală
poștovní schránka

tăbliță indicatoare cu
numele străzii
pouliční tabule

parcometru
parkovací hodiny

grădină zoologică
zoo

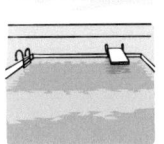

piscină
plovárna

moschee
mešita

gospodărie țărănească
....
usedlost

poluare
....
znečišťování životního
prostředí

cimitir
....
hřbitov

biserică
....
církev

loc de joacă
....
hřiště

templu
....
chrám

peisaj
krajina

frunză
list

indicator
rozcestník

drum
cesta

pajiște
louka

piatră
kámen

drumeț
turista

copac
strom

râu
řeka

iarbă
tráva

floare
květina

vale

údolí

deal

hora

lac

jezero

pădure

les

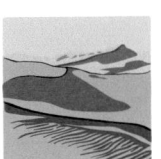

deşert

poušť

vulcan

sopka

castel

zámek

curcubeu

duha

ciupercă

houba

palmier

palma

ţânţar

komár

muscă

moucha

furnică

mravenec

albină

včela

păianjen

pavouk

gândac

brouk

broască

žába

veveriță

veverka

arici

ježek

iepure

zajíc

bufniță

sova

pasăre

pták

lebădă

labuť

porc mistreț

divoké prase

cerb

jelen

elan

los

dig

přehrada

turbină eoliană

větrné kolo

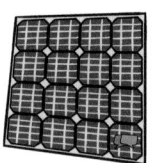

panou solar

solární panel

climă

podnebí

restaurant
restaurace

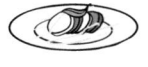

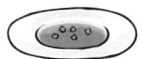

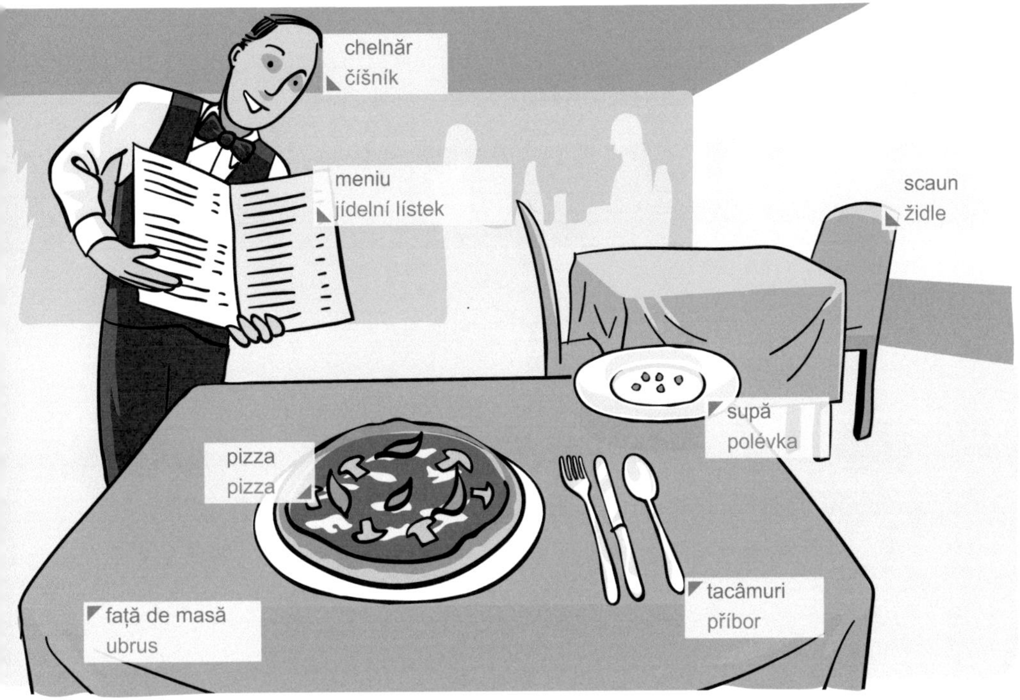
chelnăr
číšník
meniu
jídelní lístek
scaun
židle
supă
polévka
pizza
pizza
tacâmuri
příbor
față de masă
ubrus

antreu

předkrm

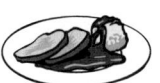

fel principal

hlavní chod

desert

dezert

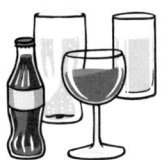

băuturi

nápoje

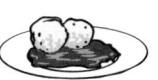

mâncare

jídlo

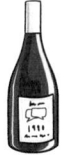

sticlă

láhev

fastfood

rychlé občerstvení

streetfood

pouliční občerstvení

ceainic

čajová konvice

zaharniță

cukřenka

porție

porce

espressor

kávovar na espresso

scaun înalt (pentru copii)

dětská stolička

factură

faktura

tavă

tác

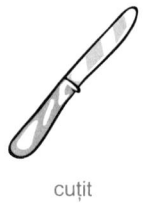

cuțit

nůž

furculiță

vidlička

lingură

lžíce

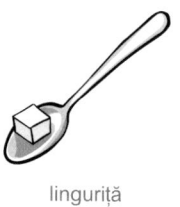

linguriță

čajová lyžička

šervețel

ubrousek

pahar

sklenička

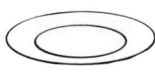

farfurie

talíř

farfurie de supă

talíř na polévku

farfurie

podšálek

sos

omáčka

solniță

slánka

râșniță de piper

mlýnek na pepř

oțet

ocet

ulei

olej

condimente

koření

ketchup

kečup

muștar

hořčice

maioneză

majonéza

supermarket
supermarket

ofertă
nabídka
FOR
client
zákazník
produse lactate
mléčné výrobky
fructe
ovoce
cărucior de cumpărături
nákupní vozík

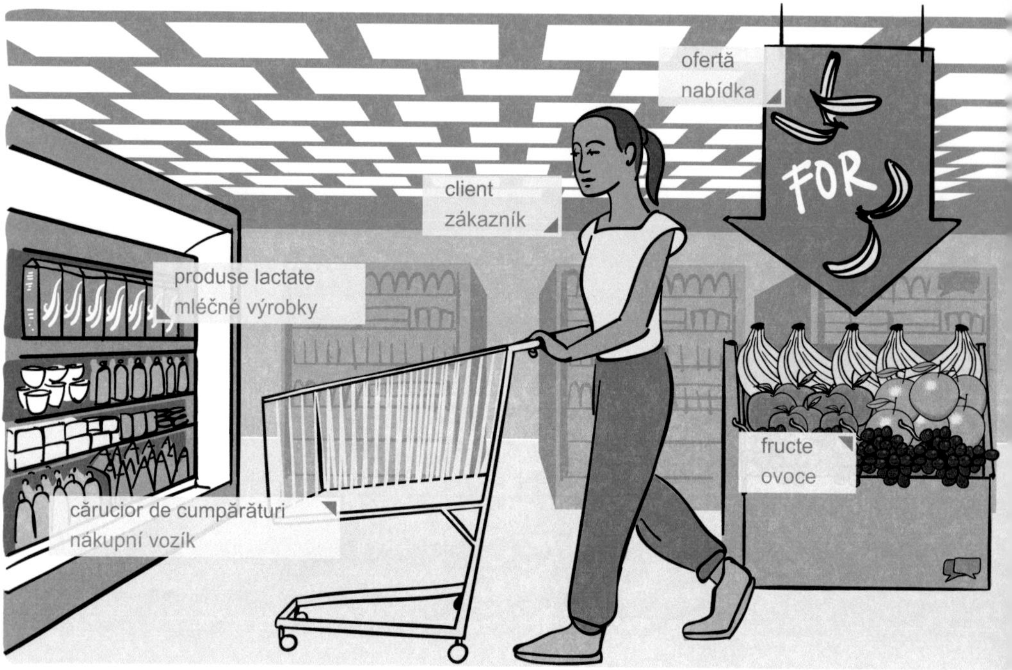

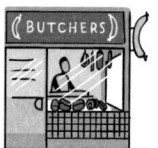

BUTCHERS

măcelărie

masna

BAKERY

brutărie

pekařství

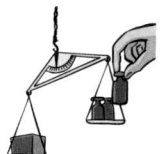

a cântări

vážit

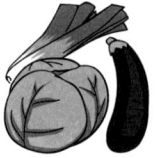

legume

zelenina

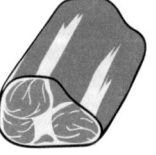

carne

maso

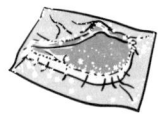

alimente refrigerate

mražené potraviny

ezeluri și brânzeturi feliate

obložený talíř

conserve

konzervy

detergent

prací prášek

dulciuri

cukrovinky

articole de menaj

výrobky pro domácnost

produse de curățenie

čisticí prostředek

vânzătoare

prodavačka

casă

pokladna

casier

pokladní

listă de cumpărături

nákupní seznam

orar

otevírací doba

portmoneu

peněženka

carte de credit

kreditní karta

geantă

taška

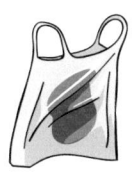

pungă de plastic

igelitová taška

apă
voda

suc
džus

lapte
mléko

cola
kola

vin
víno

bere
pivo

alcool
alkohol

cacao
kakao

ceai
čaj

cafea
káva

espresso
espresso

cappucino
kapučíno

banane

banán

măr

jablko

portocală

pomeranč

pepene

meloun

lămâie

citrón

morcov

mrkev

usturoi

česnek

bambus

bambus

ceapă

cibule

ciupercă

houba

nuci

ořechy

paste făinoase

těstoviny

spagheti	orez	salată
špageti	rýže	salát

cartofi prăjiți	cartofi țărănești	pizza
hranolky	americké brambory	pizza

hamburger	sandwich	șnițel
hamburger	sendvič	řízek

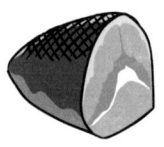

șuncă	salam	cârnați
šunka	salám	salám

pui	friptură	pește
kuře	pečeně	ryby

fulgi de ovăz

ovesné vločky

musli

müsli

cereale

vločky

făină

mouka

corn

croissant

chifle

houska

pâine

chléb

pâine prăjită

toast

biscuiţi

sušenky

unt

máslo

brânză de vaci

tvaroh

prăjitură

buchta

ou

vejce

ouă ochiuri

volské oko

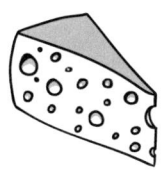

brânză

sýr

înghețată
zmrzlina

zahăr
cukr

miere
med

marmeladă
marmeláda

cremă nuga
nugátový krém

curry
kari

26   mâncare - jídlo

gospodărie țărănească
usedlost

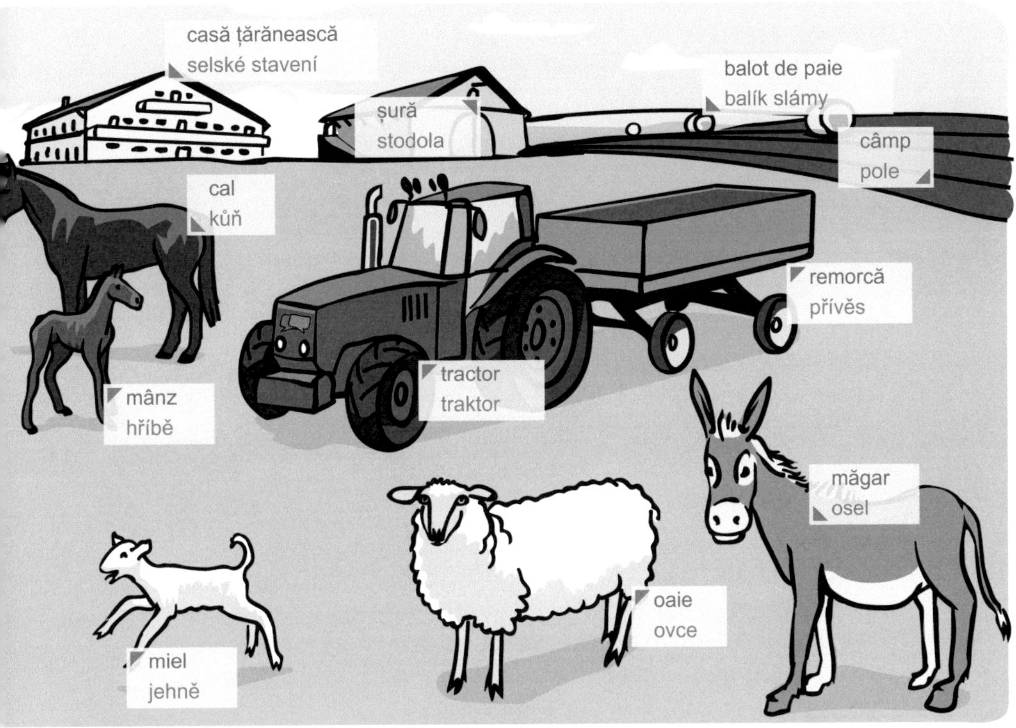

casă țărănească
selské stavení
șură
stodola
balot de paie
balík slámy
câmp
pole
cal
kůň
remorcă
přívěs
tractor
traktor
mânz
hříbě
măgar
osel
oaie
ovce
miel
jehně

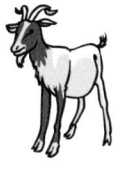

capră

koza

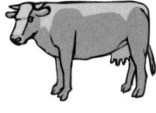

vacă

kráva

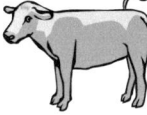

vițel

tele

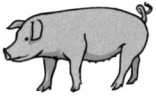

porc

prase

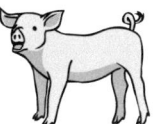

purcel

sele

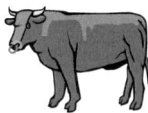

taur

býk

găină

husa

rață

kachna

pui

kuře

găină

slepice

cocoș

kohout

șobolan

krysa

pisică

kočka

șoarece

myš

bou

vůl

câine

pes

cușcă

psí bouda

furtun de grădină

zahradní hadice

stropitoare

kropicí konev

coasă

kosa

plug

pluh

seceră

srp

sapă

motyka

furcă

vidle

secure

sekera

roabă

kolecko

troacă

koryto

cană pentru lapte

konev na mléko

sac

pytel

gard

plot

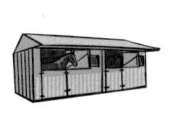

grajd

stáj

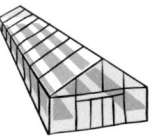

seră

skleník

sol

půda

sămânță

osivo

fertilizator

hnojivo

combină de treierat

kombajn

a culege

sklidit

recoltă

sklizeň

cartof yam

smldinec

grâu

pšenice

soia

sója

cartof

brambora

porumb

kukuřice

rapiță

řepka

pom fructifer

ovocný strom

manioc

maniok

cereale

obilí

casă
dům

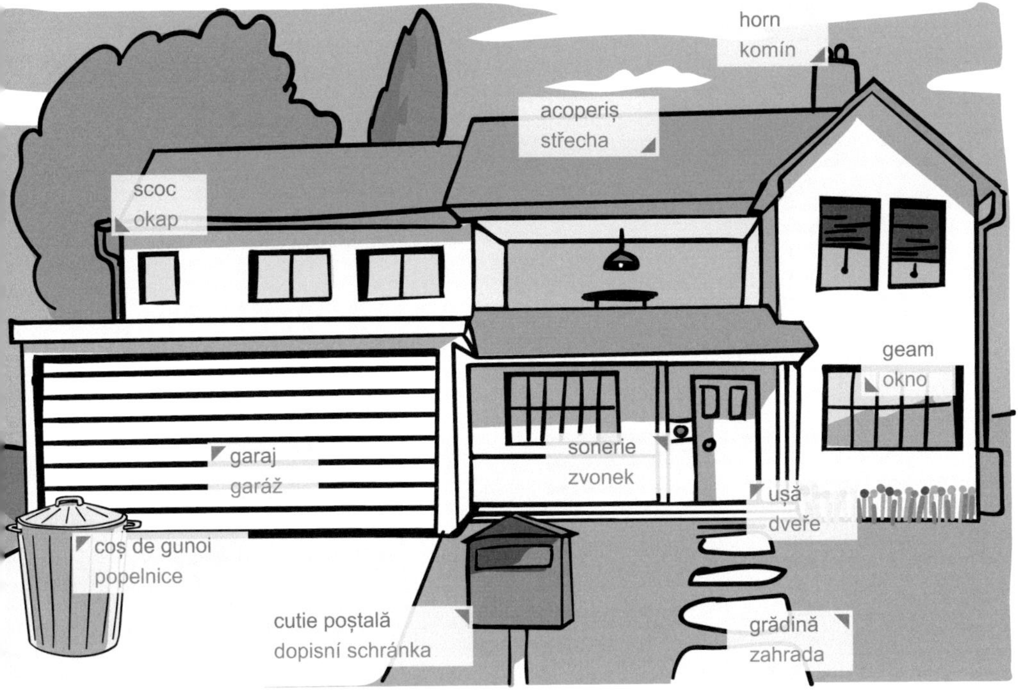
horn
komín
acoperiș
střecha
scoc
okap
geam
okno
sonerie
zvonek
garaj
garáž
ușă
dveře
coș de gunoi
popelnice
cutie poștală
dopisní schránka
grădină
zahrada

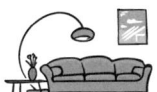

cameră de zi

obývací pokoj

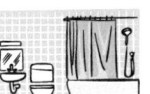

baie

koupelna

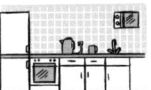

bucătărie

kuchyně

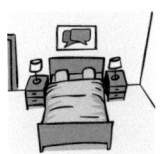

dormitor

ložnice

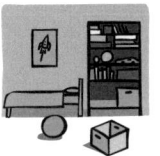

camera copiilor

dětský pokoj

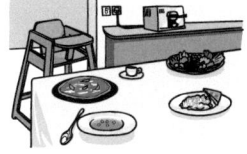

sufragerie

jídelna

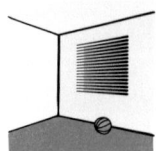

podea
podlaha

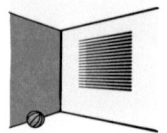

perete
zeď

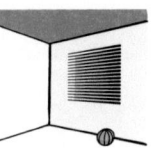

tavan
deka

pivniță
sklep

saună
sauna

balcon
balkón

terasă
terasa

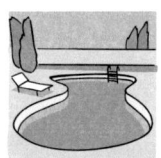

piscină
bazén

mașină de tuns iarba
sekačka na trávu

cearșaf
ložní prádlo

cuvertură
lůžková přikrývka

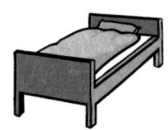

pat
postel

mătură
smeták

găleată
kýbl

întrerupător
vypínač

casă - dům

cameră de zi
obývací pokoj

tapet
tapeta
pictură
obrázek
lampă
žárovka
raft
police
dulap
skříň
televizor
televizor
șemineu
komín
floare
květina
pernă
polštář
sofa
gauč
vază
váza
telecomandă
dálkový ovladač

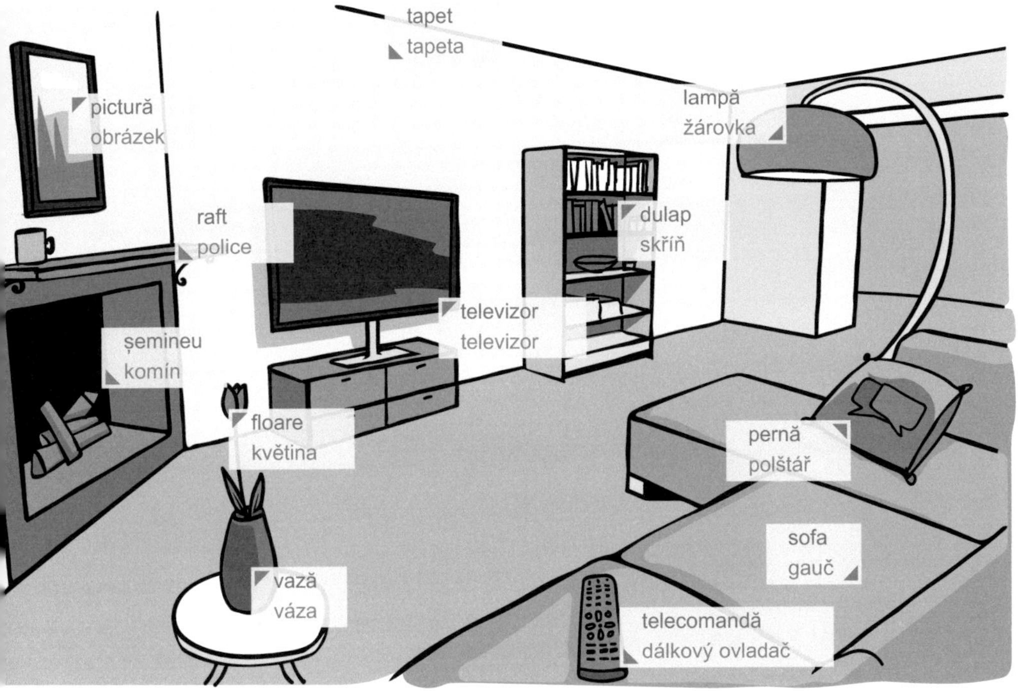

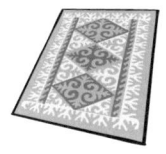

covor

koberec

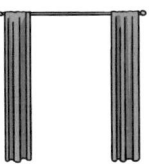

perdea

závěs

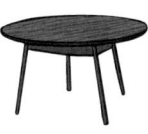

masă

stůl

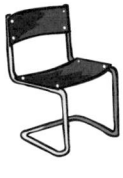

scaun

židle

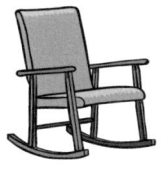

balansoar

houpací křeslo

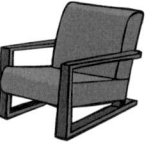

fotoliu

křeslo

carte

kniha

pătură

strop

decoraţiune

ozdoba

lemn de foc

palivové dříví

film

film

instalaţie stereo

stereo souprava

cheie

klíč

ziar

noviny

desen

malba

poster

plakát

radio

rádio

caiet de notiţe

poznámkový blok

aspirator

vysavač

cactus

kaktus

lumânare

svíce

cameră de zi - obývací pokoj

bucătărie
kuchyně

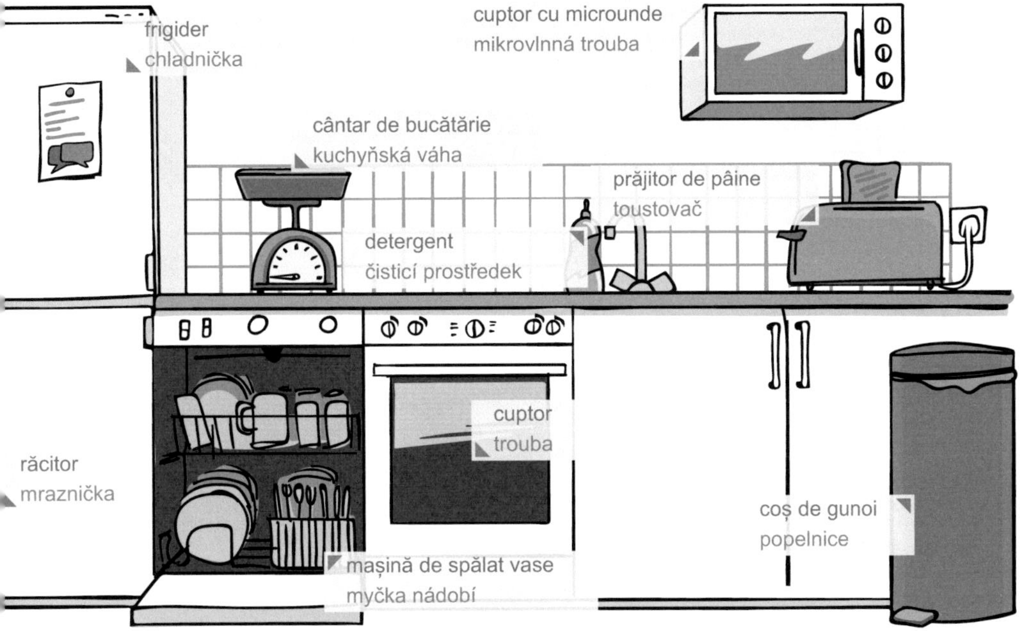
frigider
chladnička
cuptor cu microunde
mikrovlnná trouba
cântar de bucătărie
kuchyňská váha
prăjitor de pâine
toustovač
detergent
čisticí prostředek
cuptor
trouba
răcitor
mraznička
coș de gunoi
popelnice
mașină de spălat vase
myčka nádobí

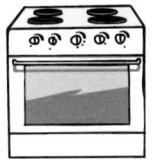

cuptor
sporák

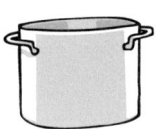

oală
hrnec

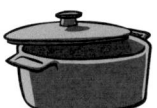

oală de metal
litinový hrnec

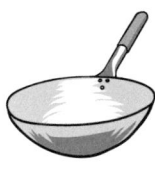

wok/kadai
wok / kadai

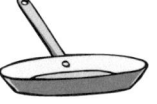

tigaie
pánev

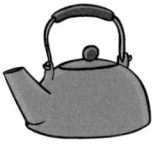

ceainic
varná konvice

oală de gătit cu aburi

parní hrnec

tavă de copt

plech na pečení

veselă

nádobí

pahar

hrnek

bol

miska

bețișoare

jídelní hůlky

polonic

naběračka

spatulă

obracečka

tel

metla

sită

síto

sită

cedník

răzătoare

struhadlo

mojar

hmoždíř

grătar

gril

loc pentru grătar

ohniště

tocător
prkénko na krájení

sucitor
váleček na těsto

tirbușon
vývrtka

conservă
dóza

deschizător de conserve
otvírák na konzervy

șervete termice
chňapka

chiuvetă
umyvadlo

perie
kartáč na nádobí

burete
houba

mixer
mixér

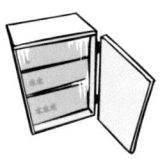

ladă frigorifică
mrazák

biberon
dětská lahev

robinet
kohoutek

baie

koupelna

încălzire
topení
duș
sprcha
prosop
ručník
perdea de duș
sprchový závěs
baie cu spumă
pěnová koupel
cadă
vana
pahar
sklenička
mașină de spălat
pračka
robinet
kohoutek
gresie
obkladačky
oală de noapte
nočník
chiuvetă
umyvadlo

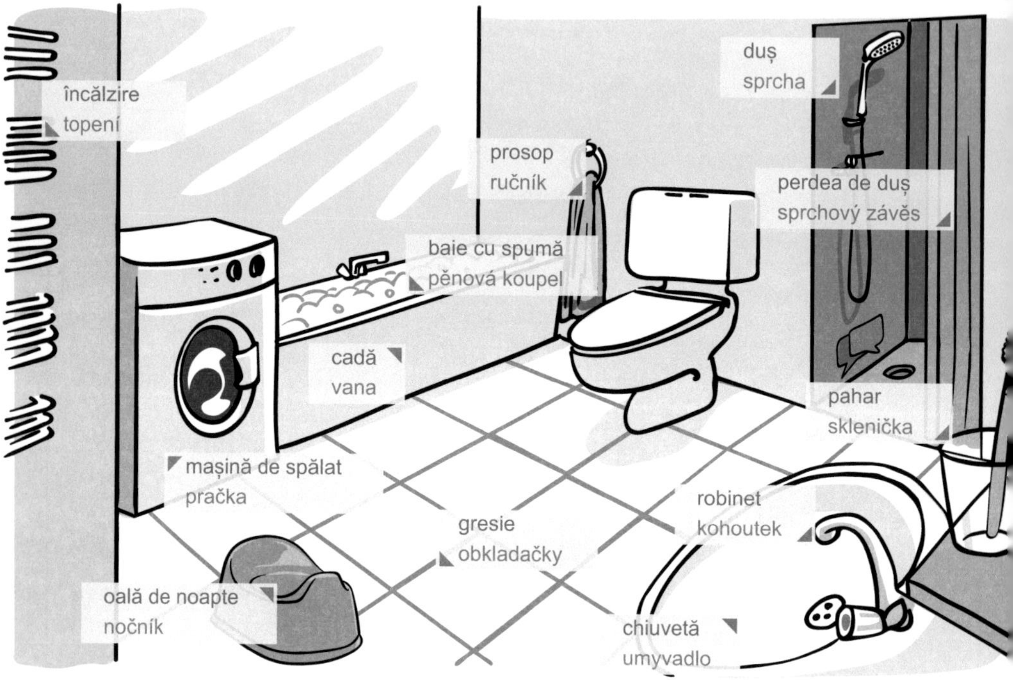

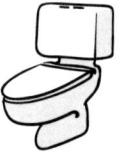

toaletă
záchod

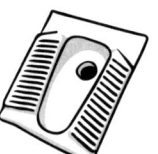

toaletă turcescă
turecký záchod

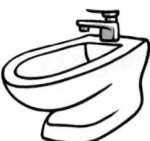

bideu
bidet

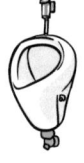

pisoir
pisoár

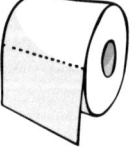

hârtie igienică
toaletní papír

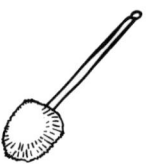

perie de toaletă
záchodová štětka

periuță de dinți

zubní kartáček

pastă de dinți

zubní pasta

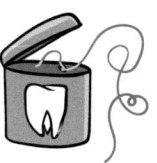

ață dentară

zubní niť

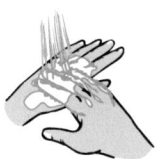

a spăla

mýt

cap de duș

ruční sprcha

duș intim

intimní sprcha

lavoar

umyvadlo

perie pentru spate

kartáč na záda

săpun

mýdlo

gel de duș

sprchový gel

șampon

šampón

cârpă de spălat

žínka

scurgere

odpad

cremă

krém

deodorant

deodorant

oglindă

zrcadlo

oglindă cosmetică

kosmetické zrcátko

aparat de ras

holicí strojek

spumă de ras

pěna na holení

aftershave

voda po holení

pieptene

hřeben

perie

kartáč

uscător de păr

fén

fixator

lak na vlasy

machiaj

makeup

ruj

rtěnka

lac de unghii

lak na nehty

vată

vata

foarfece de unghii

nůžky na nehty

parfum

parfém

neseser
ška s toaletními potřebami

taburet
stolička

cântar
váha

halat de baie
župan

mănuşi de cauciuc
gumové rukavice

tampon
tampón

tampon
dámská vložka

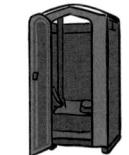

toaletă chimică
chemická toaleta

camera copiilor
dětský pokoj

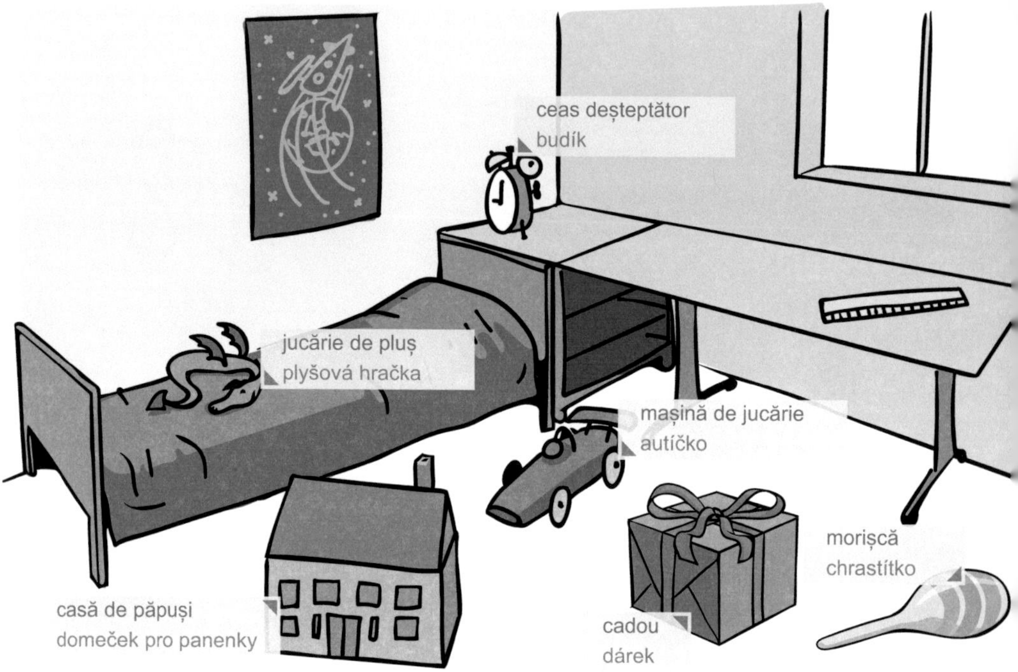
ceas deșteptător
budík
jucărie de pluș
plyšová hračka
mașină de jucărie
autíčko
morișcă
chrastítko
casă de păpuși
domeček pro panenky
cadou
dárek

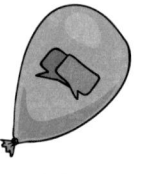

balon

balón

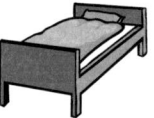

pat

postel

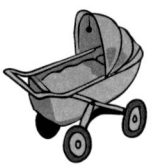

cărucior de copii

kočárek

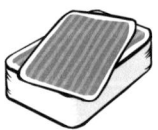

joc de cărți

balíček karet

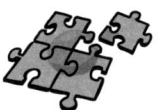

puzzle

puzzle

SUPER
MEGA

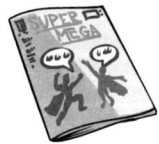

revistă de benzi desenate

komiks

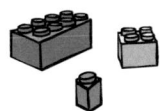

cuburi lego

lego kostky

piese pentru construcţii

stavebnice

personaj din filmele de acţiune

akční figurka

body

dupačky

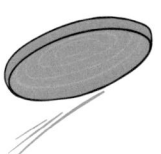

frisbee

frisbee

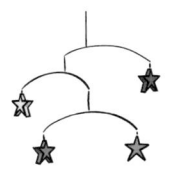

mobil

závěsné hračky nad postýlku

joc de societate

desková hra

zar

kostky

set trenuleţ de jucărie

modelová železnice

suzetă

dudlík

petrecere

oslava

carte cu poze

obrázková kniha

minge

míč

păpuşă

panenka

a se juca

hrát si

groapă de nisip

pískoviště

leagăn

houpačka

jucării

hračky

consolă video

hrací konzole

tricicletă

tříkolka

ursuleț

medvídek

dulap

šatník

îmbrăcăminte
oblečení

șosete

ponožky

ciorapi

punčochy

dres

punčochové kalhoty

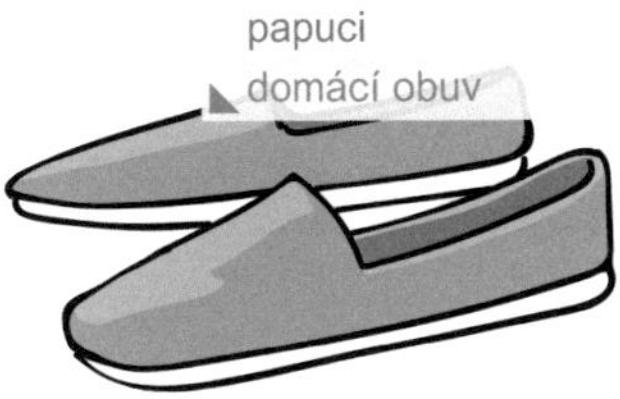

şal
šála

umbrelă
deštník

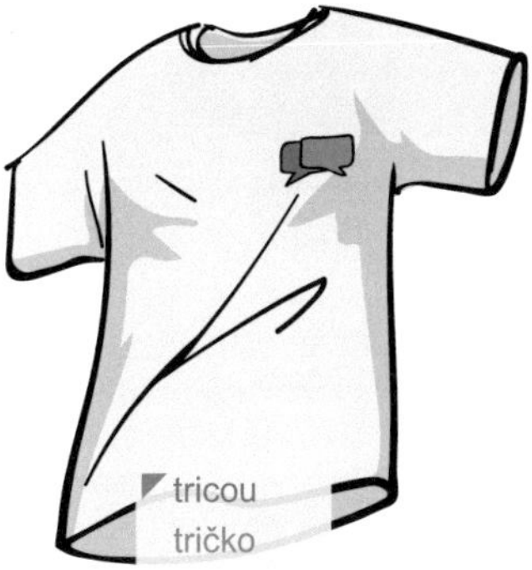

tricou
tričko

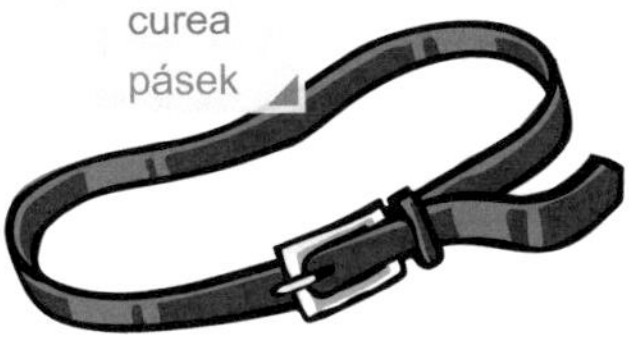

curea
pásek

cizme
kozačky

papuci
domácí obuv

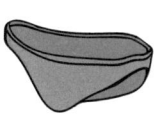
pantofi sport
tenisky

sandale
sandály

încălțăminte
obuv

cizme de cauciuc
holínky

chilot
spodní prádlo

sutien
podprsenka

maiou
nátělník

body

body

pantaloni

kalhoty

blugi

džíny

fustă

sukně

bluză

blůza

cămaşă

košile

pulover

svetr

jerseu

mikina

sacou

blejzr

jachetă

bunda

palton

kabát

pelerină de ploaie

pláštěnka

costum

kostým

rochie

šaty

rochie de mireasă

svatební šaty

costum

oblek

cămașă de noapte

noční košile

pijama

pyžamo

sari

sárí

batic

šátek na hlavu

turban

turban

burka

burka

caftan

kaftan

abaya

abája

costum de baie

plavky

șort

pánské plavky

pantaloni scurți

kraťasy

trening

tepláková souprava

șorț

zástěra

mănuși

rukavice

nasture

knoflík

ochelari

brýle

brăţară

náramek

lanţ

náhrdelník

inel

prsten

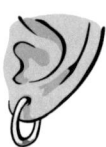

cercel

náušnice

căciulă

čepice

umeraş

ramínko

pălărie

klobouk

cravată

kravata

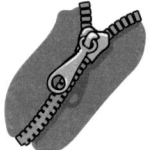

fermoar

zip

cască

helma

bretele

kšandy

uniformă şcolară

školní uniforma

uniformă

uniforma

îmbrăcăminte - oblečení

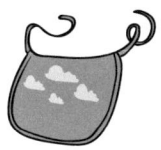

bavețică

bryndák

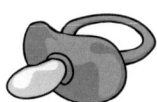

suzetă

dudlík

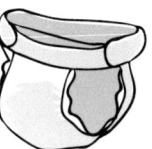

scutec

plena

birou
kancelář

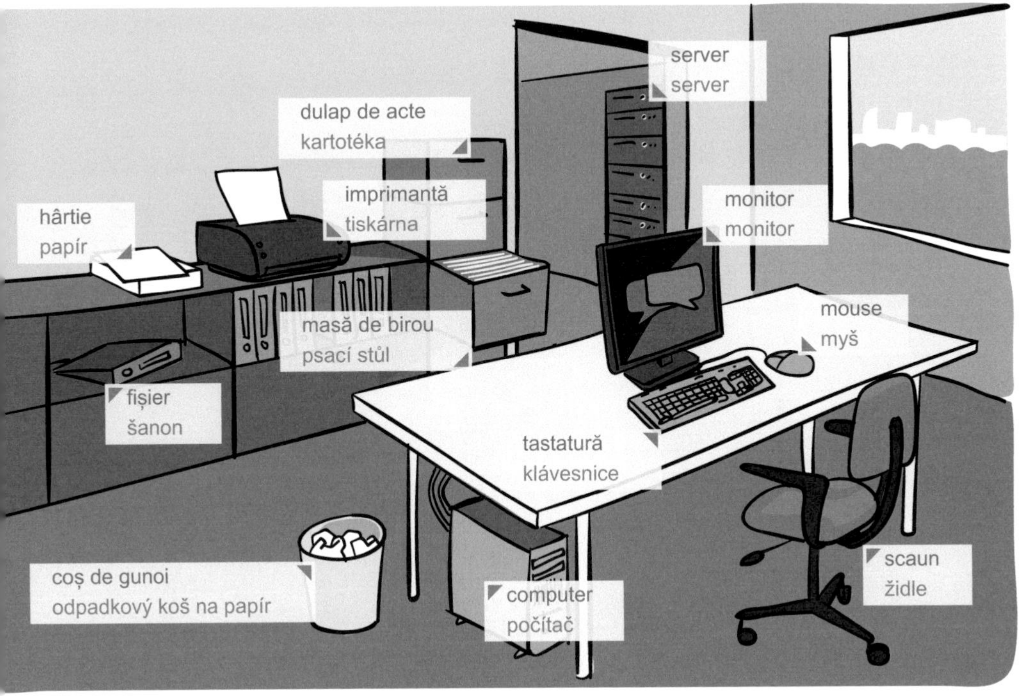

server
server
dulap de acte
kartotéka
imprimantă
tiskárna
hârtie
papír
monitor
monitor
mouse
myš
masă de birou
psací stůl
fișier
šanon
tastatură
klávesnice
coș de gunoi
odpadkový koš na papír
computer
počítač
scaun
židle

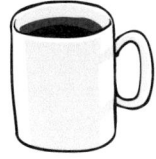

ceașcă de cafea

hrnek na kávu

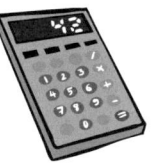

calculator

kalkulačka

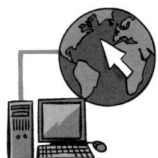

internet

internet

laptop

notebook

scrisoare

dopis

mesaj

zpráva

telefon mobil

mobil

rețea

síť

copiator

kopírka

software

software

telefon

telefon

priză

zásuvka

fax

fax

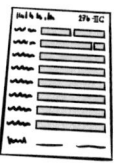

formular

formulář

document

dokument

a cumpăra

nakupovat

a plăti

zaplatit

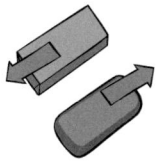

a face comerț

jednat

bani

peníze

Dolar

dolar

Euro

euro

Yen

jen

Rublă

rubl

Franc Elvețian

frank

renminbi yuan

juan

Rupie

rupie

bancomat

bankomat

casă de schimb valutar

směnárna

aur

zlato

argint

stříbro

petrol

olej

energie

energie

preţ

cena

contract

smlouva

impozit

daň

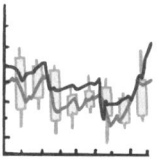

acţiune

akcie

a munci

pracovat

angajat

zaměstnanec

angajator

zaměstnavatel

fabrică

továrna

magazin

obchod

ocupații
povolání

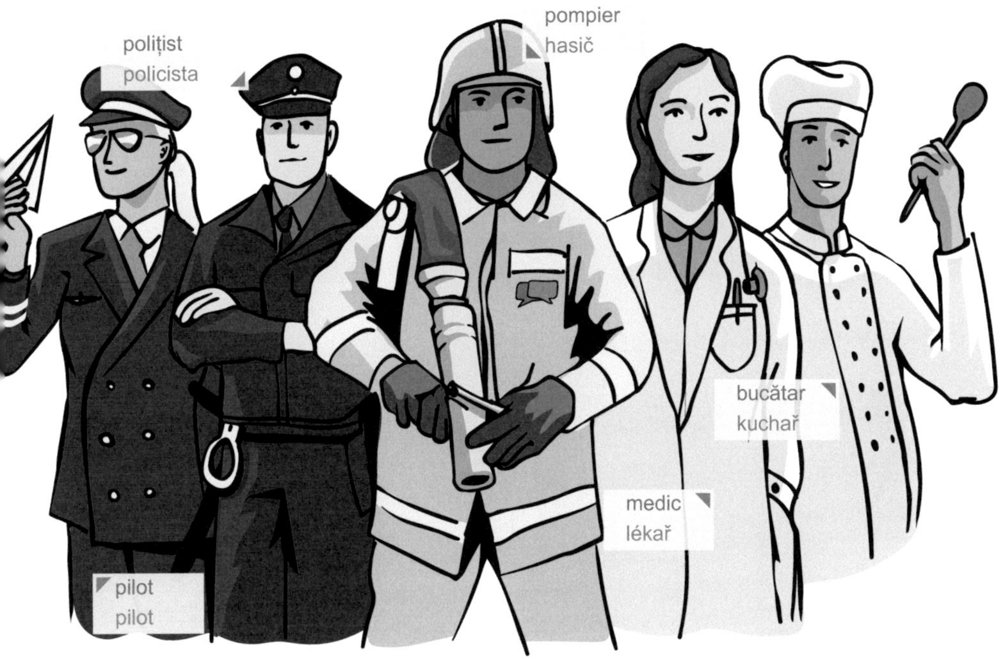

polițist
policista
pompier
hasič
bucătar
kuchař
medic
lékař
pilot
pilot

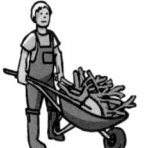

grădinar

zahradník

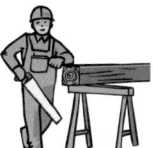

tâmplar

truhlář

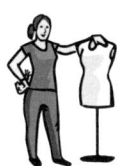

cusătoreasă

švadlena

judecător

soudce

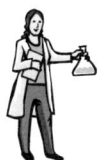

chimist

chemik

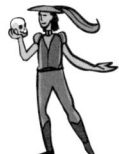

actor

herec

şofer de autobuz

řidič autobusu

şofer de taxi

řidič taxi

pescar

rybář

femeie de serviciu

uklízečka

tinichigiu

pokrývač

chelnăr

číšník

vânător

myslivec

pictor

malíř

brutar

pekař

electrician

elektrikář

muncitor în construcţii

stavební dělník

inginer

inženýr

măcelar

řezník

instalator

klempíř

poştaş

listonoš

soldat

voják

arhitect

architekt

casier

pokladní

florar

florista

frizer

kadeřník

controlor

průvodčí

mecanic

mechanik

căpitan

kapitán

stomatolog

zubař

om de știință

vědec

rabin

rabín

imam

imám

călugăr

mnich

preot

duchovní

instrumente
nářadí

clește
kleště
ciocan
kladivo
șurubelniță
šroubovák
lanternă
kapesní svítilna
cheie
klíč

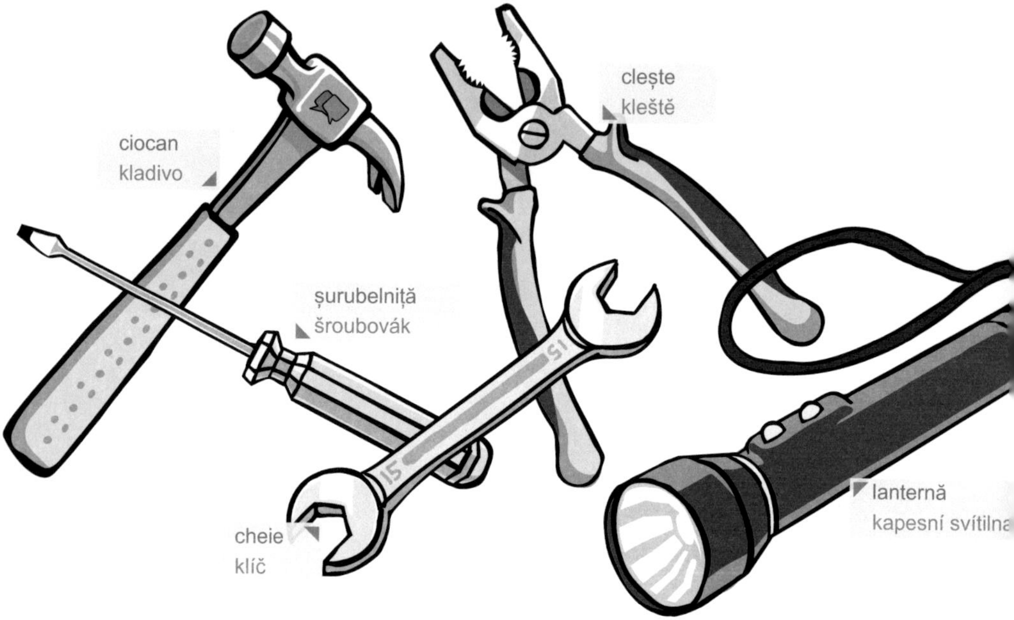

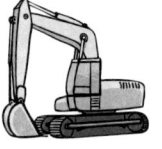

excavator

bagr

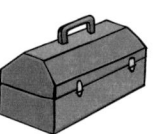

cutie de scule

skříň na nářadí

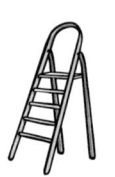

scară

žebřík

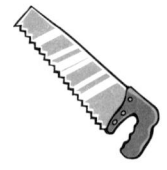

ferăstrău

pila

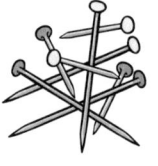

cuie

hřebíky

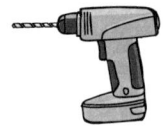

burghiu

vrtačka

a repara

opravit

lopată

lopata

La naiba!

Kurva!

făraș

lopatka

vas pentru vopsea

vědroé na barvu

șuruburi

šrouby

instrumente muzicale
hudební nástroje

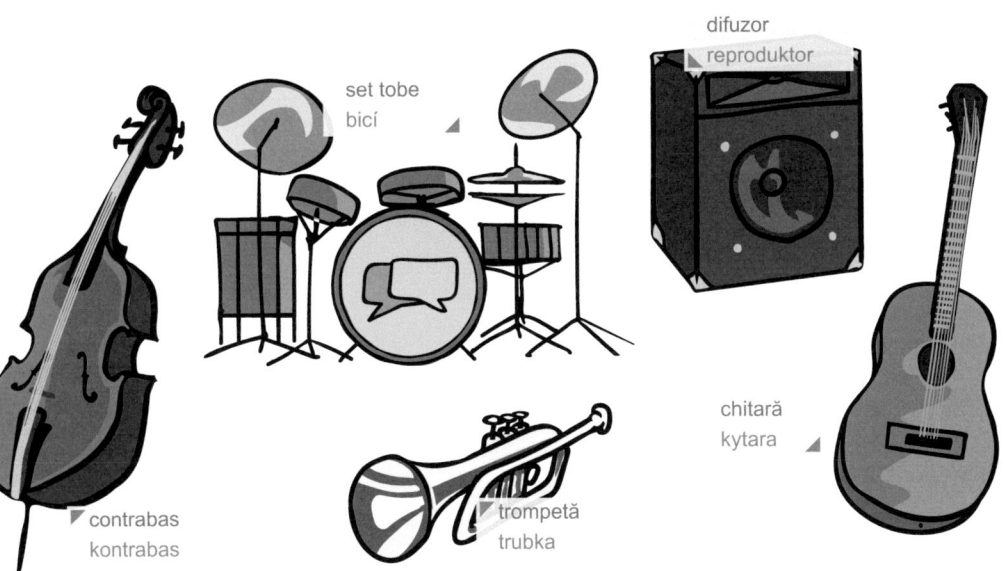

difuzor
reproduktor

set tobe
bicí

contrabas
kontrabas

trompetă
trubka

chitară
kytara

pian

klavír

vioară

housle

bas

basa

trombon

tympán

tobă

bubny

keyboard

keyboard

saxofon

saxofon

fluier

flétna

microfon

mikrofon

grădină zoologică

zoo

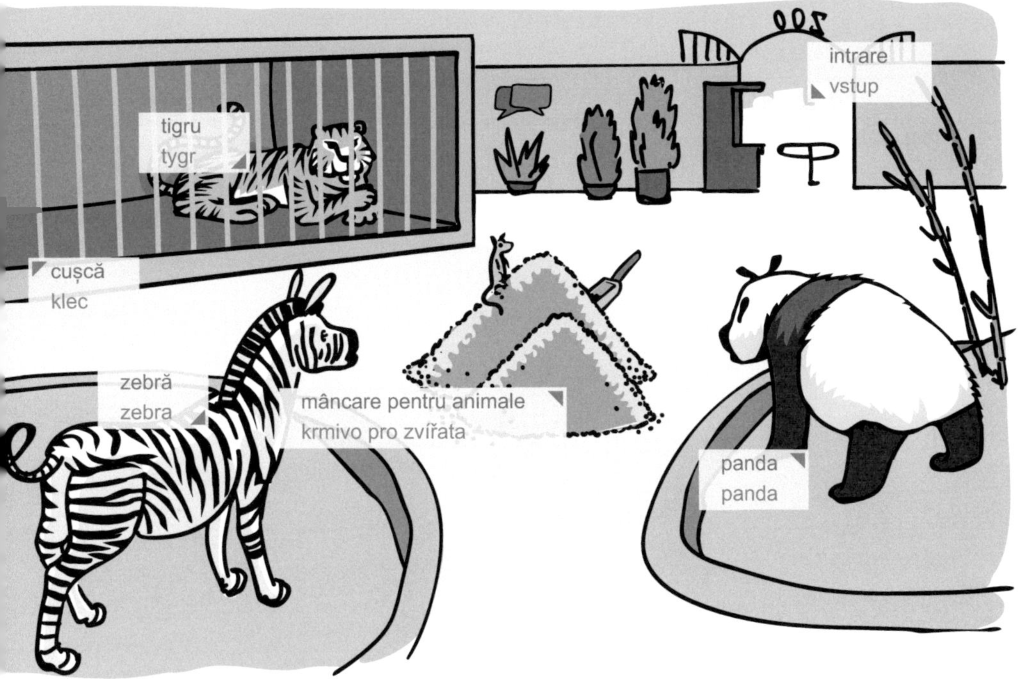

tigru
tygr
cușcă
klec
intrare
vstup
zebră
zebra
mâncare pentru animale
krmivo pro zvířata
panda
panda

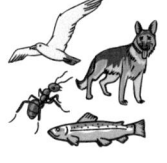

animale

zvířata

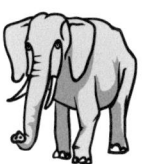

elefant

slon

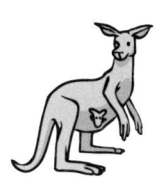

cangur

klokan

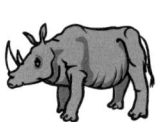

rinocer

nosorožec

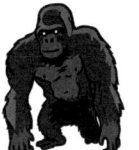

gorilă

gorila

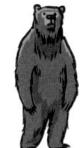

urs

medvěd

cămilă

velbloud

struț

pštros

leu

lev

maimuță

opice

flamingo

plameňák

papagal

papoušek

urs polar

lední medvěd

pinguin

tučňák

rechin

žralok

păun

páv

șarpe

had

crocodil

krokodýl

îngrijitor grădina zoologică

ošetřovatel zvířat

focă

tuleň

jaguar

jaguár

ponei

poník

leopard

leopard

hipopotam

hroch

girafă

žirafa

acvilă

orel

porc mistreț

divoké prase

pește

ryby

broască țestoasă

želva

morsă

mrož

vulpe

liška

gazelă

gazela

fotbal american
americký fotbal

ciclism
cyklistika

tenis
tenis

basketball
košíková

înot
plavání

box
box

hockey pe gheață
lední hokej

fotbal
kopaná

badminton
badminton

atletism
lehká atletika

handbal
házená

schi
běh na lyžích

polo
vodní pólo

activități
aktivity

a sări
skočit
a îmbrățișa
objímat
a râde
smát se
a merge
jít
a cânta
zpívat
a visa
snít
a se ruga
modlit se
a săruta
políbit

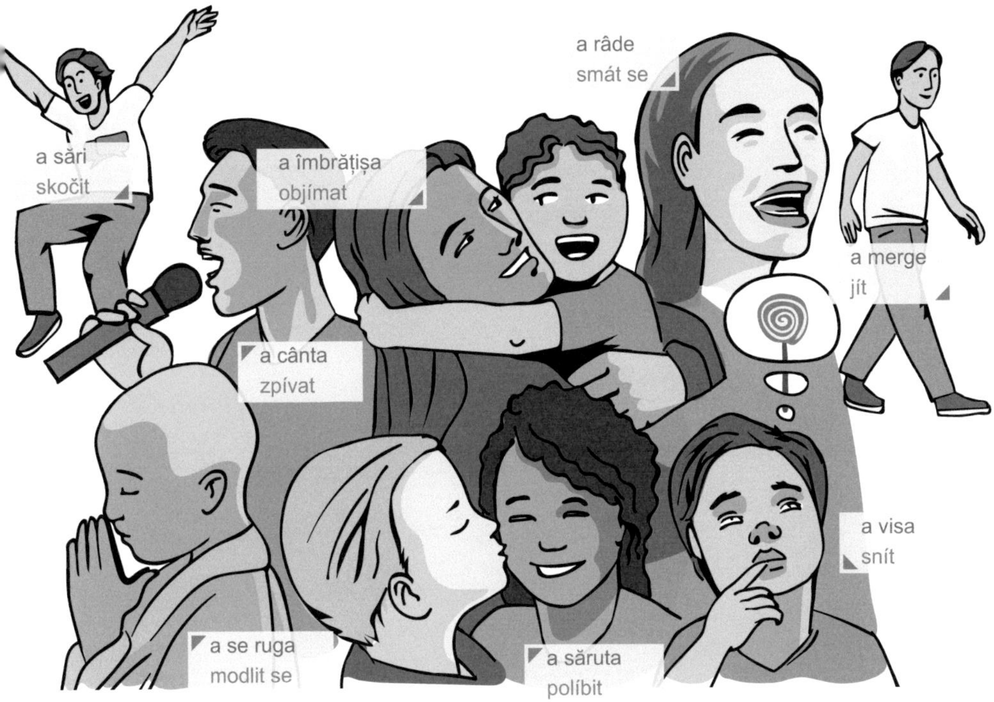

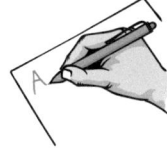

a scrie

psát

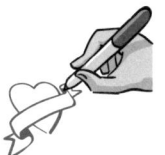

a desena

kreslit

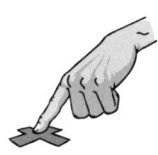

a arăta

ukazovat

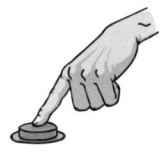

a împinge

tlačit

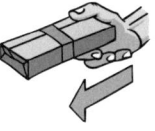

a da

dát

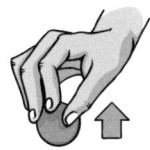

a lua

vzít si

a avea

mít

a face

dělat

a fi

být

a sta în picioare

stát

a fugi

běhat

a trage

táhnout

a arunca

hodit

a cădea

padat

a sta întins

ležet

a aștepta

čekat

a purta

nosit

a ședea

sedět

a se îmbrăca

oblékat

a dormi

spát

a se trezi

vzbudit se

a privi

prohlédnout si

a plânge

plakat

a mângâia

pohladit

a se pieptăna

česat

a vorbi

hovořit

a înţelege

rozumět

a întreba

ptát se

a asculta

slyšet

a bea

pít

a mânca

jíst

a face ordine

uklidit

a iubi

milovat

a găti

vařit

a conduce

jet

a zbura

letět

activităţi - aktivity

a naviga

plachtit

a calcula

počítat

a citi

číst

a învăţa

učit se

a munci

pracovat

a se căsători

vzít si

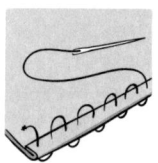

a coase

šít

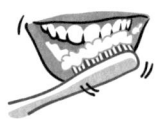

a se spăla pe dinţi

čistit si zuby

a ucide

zabít

a fuma

kouřit

a trimite

poslat

familie
rodina

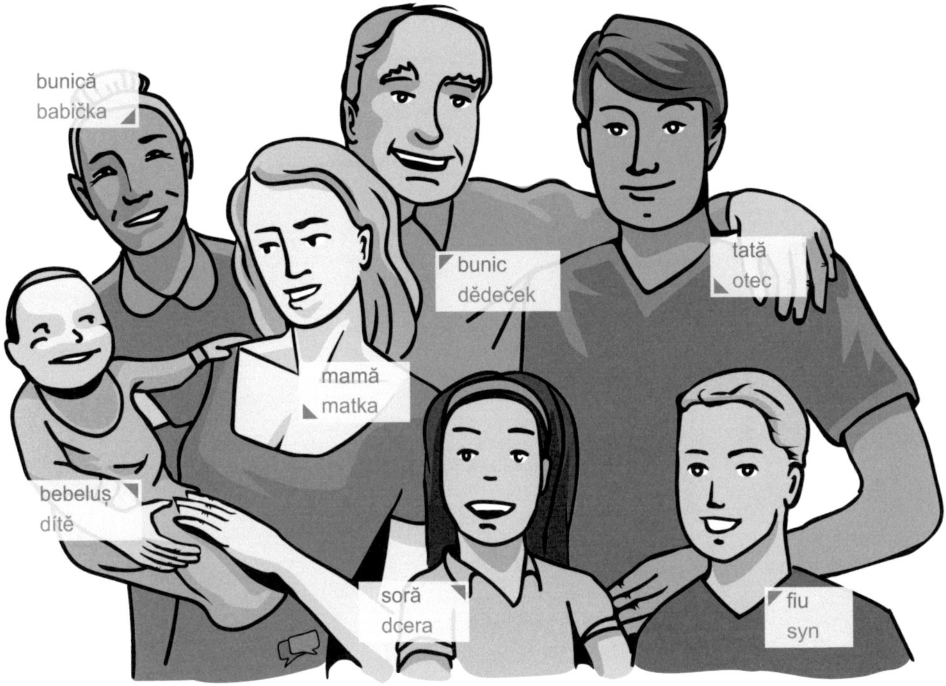
bunică
babička
bunic
dědeček
tată
otec
mamă
matka
bebeluș
dítě
soră
dcera
fiu
syn

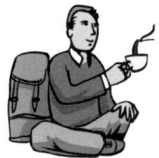

oaspete

host

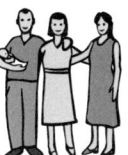

mătușă

teta

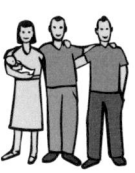

unchi

strýc

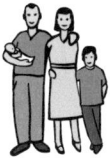

frate

bratr

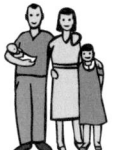

soră

sestra

corp
tělo

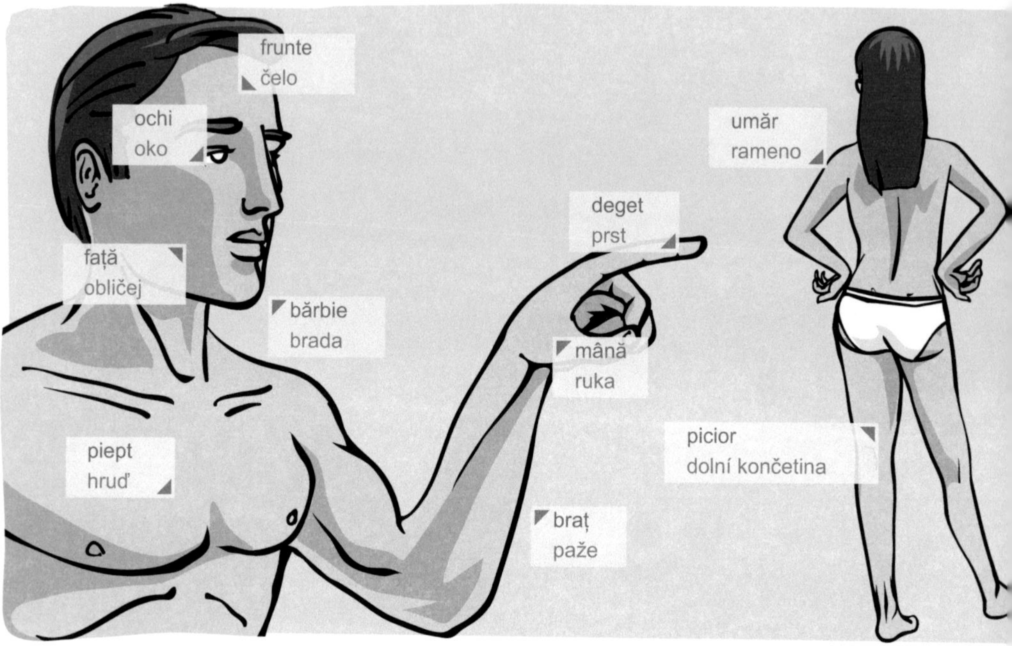

frunte
čelo

ochi
oko

umăr
rameno

deget
prst

față
obličej

bărbie
brada

mână
ruka

piept
hruď

picior
dolní končetina

braț
paže

bebeluș

dítě

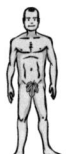

bărbat

muž

femeie

žena

fată

dívka

băiat

chlapec

cap

hlava

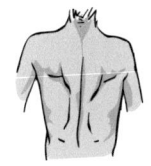

spate
....
záda

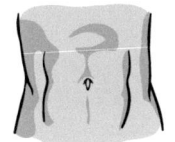

abdomen
....
břicho

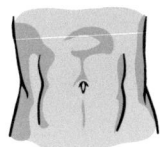

ombilic
....
pupík

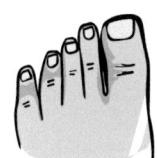

deget de la picior
....
prst na noze

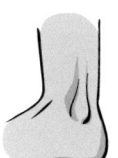

călcâi
....
pata

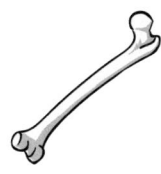

os
....
kost

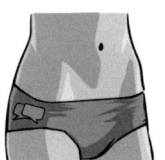

șold
....
bok

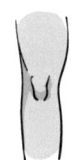

genunchi
....
koleno

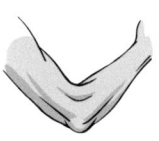

cot
....
loket

nas
....
nos

fund
....
zadek

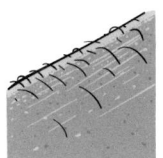

piele
....
kůže

obraz
....
tvář

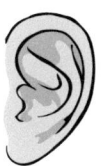

ureche
....
ucho

buză
....
ret

gură

ústa

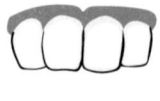

dinte

zub

limbă

jazyk

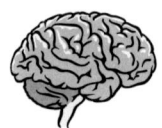

creier

mozek

inimă

srdce

muşchi

sval

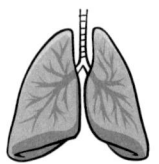

plămân

plíce

ficat

játra

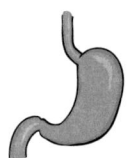

stomac

žaludek

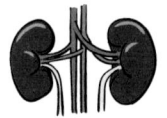

rinichi

ledviny

sex

pohlavní styk

prezervativ

kondom

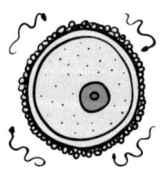

ovul

vajíčko

spermă

sperma

sarcină

těhotenství

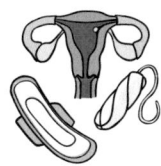

menstruație
menstruace

vagin
vagina

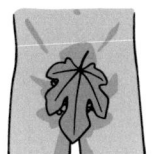

penis
penis

sprânceană
oboří

păr
vlasy

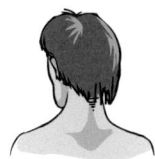

gât
krk

spital
nemocnice

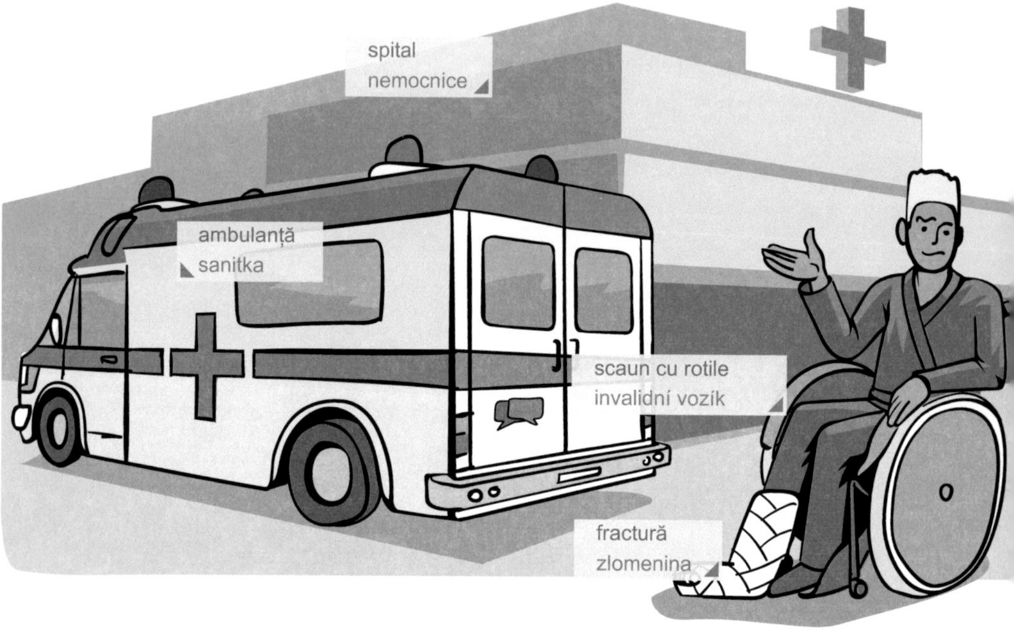

spital
nemocnice
ambulanță
sanitka
scaun cu rotile
invalidní vozík
fractură
zlomenina

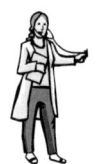

medic

lékař

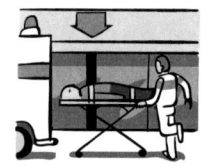

unitate de primiri urgențe

pohotovost

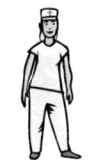

soră medicală

zdravotní sestra

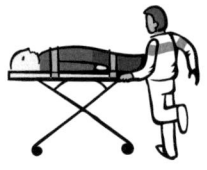

urgență

urgentní případ

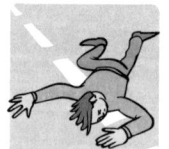

inconștient

v bezvědomí

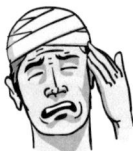

durere

bolest

leziune

úraz

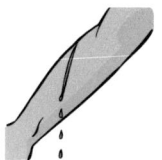

sângerare

krvácení

infarct miocardic

infarkt myokardu

atac cerebral

cévní mozková příhoda

alergie

alergie

tuse

kašel

febră

horečka

gripă

chřipka

diaree

průjem

durere de cap

bolest hlavy

cancer

rakovina

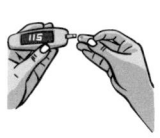

diabet

cukrovka

chirurg

chirurg

scalpel

skalpel

operație

operace

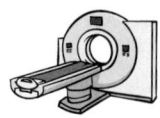

CT

CT

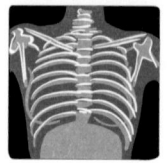

raze Röntgen

rentgen

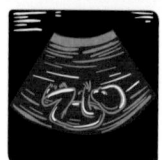

ultrasunet

ultrazvuk

mască

maska

boală

nemoc

sală de așteptare

čekárna

cârjă

berle

plasture

náplast

bandaj

obvaz

injecție

injekce

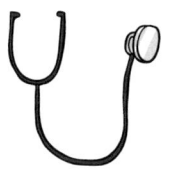

stetoscop

stetoskop

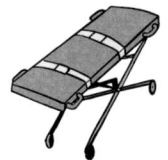

targă

nosítka

termometru

teploměr

naștere

porod

supraponderabilitate

nadváha

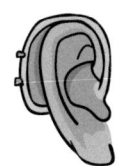

aparat auditiv

naslouchátko

dezinfectant

dezinfekční prostředek

infecţie

infekce

virus

virus

HIV/SIDA

HIV / AIDS

medicină

lékařství

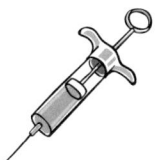

vaccin

očkování

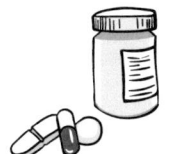

tablete

tablety

pastilă

pilulka

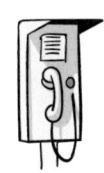

apel de urgenţă

tísňové volání

aparat de măsurare a presiunii arteriale

tonometr

bolnav/sănătos

nemocný / zdravý

Ajutor!

Pomoc!

alarmă

poplach

agresiune

přepadení

atac

napadení

pericol

nebezpečí

ieșire de urgență

nouzový východ

Foc!

Hoří!

extinctor

hasicí přístroj

accident

nehoda

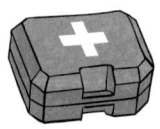

trusă de prim-ajutor

zdravotnická brašna

SOS

SOS

poliție

policie

Europa

Evropa

America de Nord

Severní Amerika

America de Sud

Jižní Amerika

Africa

Afrika

Asia

Asie

Australia

Austrálie

Altantic

Atlantik

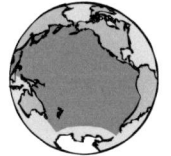

Pacific

Pacifik

Oceanul Indian

Indický oceán

Oceanul Antarctic

Jižní ledový oceán

Oceanul Arctic

Severní ledový oceán

Polul Nord

severní pól

Polul Sud

jižní pól

Antarctica

Antarktida

pământ

země

țară

pevnina

mare

moře

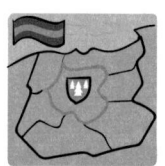

insulă

ostrov

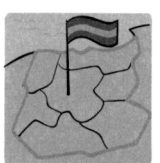

națiune

národ

stat

stát

pământ - země

ceas

hodiny

cadran

ciferník

orar

hodinová ručička

minutar

minutová ručička

secundar

vteřinová ručička

Cât e ceasul?

Kolik je hodin?

zi

den

timp

čas

acum

teď

cead digital

digitální hodinky

minut

minuta

oră

hodina

săptămână
týden

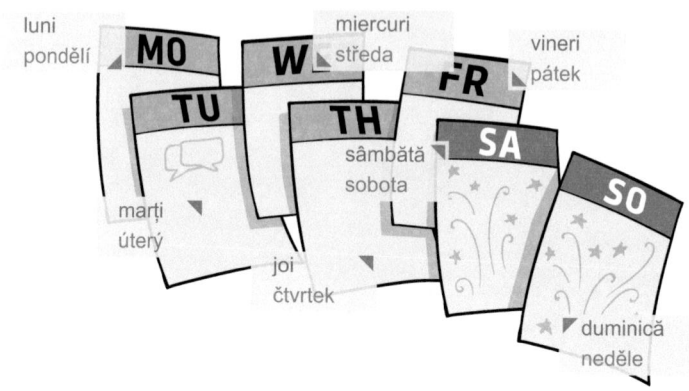

luni / pondělí — MO
marți / úterý — TU
miercuri / středa — W
joi / čtvrtek — TH
vineri / pátek — FR
sâmbătă / sobota — SA
duminică / neděle — SO

ieri
včera

azi
dnes

mâine
zítra

dimineață
ráno

amiază
poledne

seară
večer

zile lucrătoare
pracovní dny

week-end
víkend

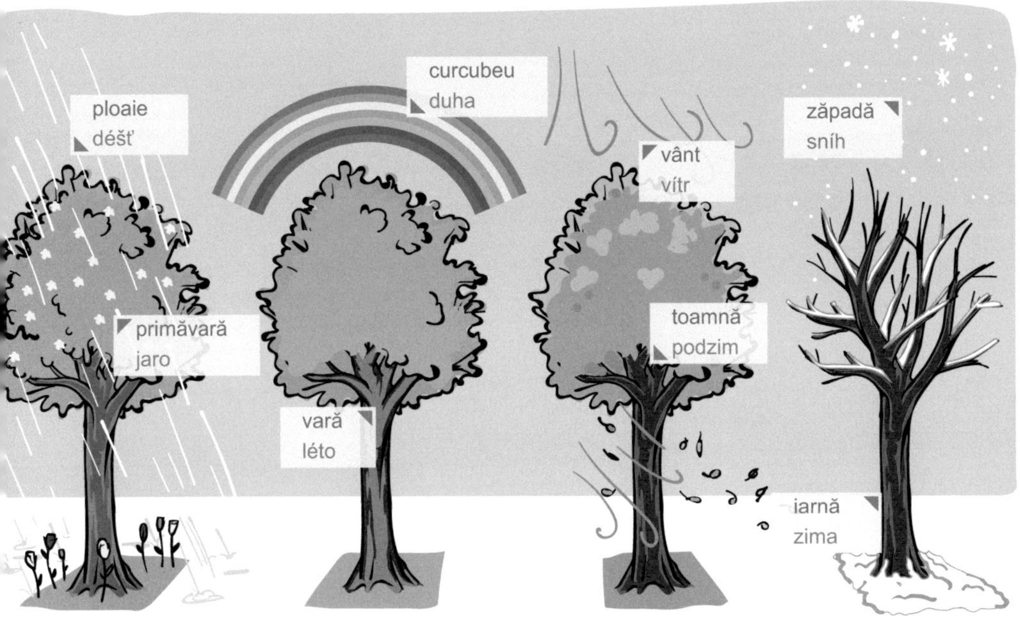

ploaie
déšť

curcubeu
duha

vânt
vítr

zăpadă
sníh

primăvară
jaro

toamnă
podzim

vară
léto

iarnă
zima

prognoză meteo

předpověď počasí

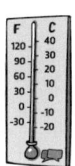

termometru

teploměr

lumina soarelui

sluneční svit

nor

mrak

ceață

mlha

umiditate a aerului

vlhkost

fulger
....
blesk

tunet
....
hrom

furtună
....
bouřka

grindină
....
kroupy

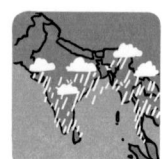

muson
....
monzun

inundaţie
....
povodeň

gheaţă
....
led

ianuarie
....
leden

februarie
....
únor

martie
....
březen

aprilie
....
duben

mai
....
květen

iunie
....
červen

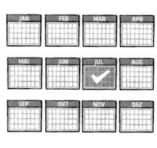

iulie
....
červenec

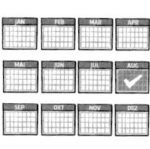

august
....
srpen

an - rok

septembrie
....
září

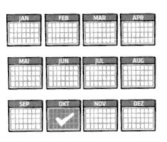

octombrie
....
říjen

noiembrie
....
listopad

decembrie
....
prosinec

forme
tvary

cerc
....
kruh

pătrat
....
čtverec

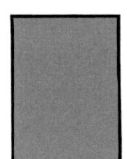

dreptunghi
....
obdélník

triunghi
....
trojúhelník

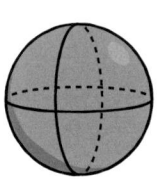

sferă
....
koule

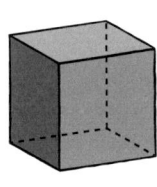

cub
....
krychle

alb

bílá

galben

žlutá

portocaliu

oranžová

roz

růžová

roşu

červená

violet

fialová

albastru

modrá

verde

zelená

maro

hnědá

gri

šedá

negru

černá

mult/puțin

hodně / málo

furios/calm

rozzuřený / mírumilovný

frumos/urât

krásný / ošklivý

început/sfârșit

začátek / konec

mare/mic

velký / malý

luminos/întunecat

světlý / tmavý

frate/soră

bratr / sestra

curat/murdar

čistý / špinavý

complet/incomplet

úplný / neúplný

zi/noapte

den / noc

mort/viu

mrtvý / živý

lat/strâmt

široký / úzký

comestibil/necomestibil

jedlý / nejedlý

rău/prietenos

zlý / hodný

emoționat/plictisit

vzrušený / znuděný

gras/slab

tlustý / hubený

primul/ultimul

nejdříve / naposledy

prieten/inamic

přítel / nepřítel

plin/gol

plný / prázdný

tare/moale

tvrdý / měkký

greu/ușor

těžký / lehký

foame/sete

hlad / žízeň

bolnav/sănătos

nemocný / zdravý

ilegal/legal

ilegální / legální

inteligent/stupid

inteligentní / hloupý

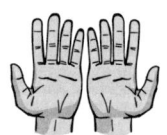

stânga/dreapta

vlevo / vpravo

aproape/departe

blízko / daleko

antonime - protiklady

nou/uzat

nový / použitý

nimic/ceva

nic / něco

bătrân/tânăr

starý / mladý

pornit/oprit

zapnutý / vypnutý

deschis/închis

otevřeno / zavřeno

încet/tare

tichý / hlasitý

bogat/sărac

bohatý / chudý

corect/fals

správný / špatný

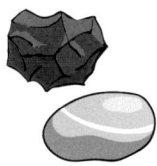

aspru/neted

drsný / hladký

trist/fericit

smutný / šťastný

lung/scurt

krátký / dlouhý

încet/repede

pomalý / rychlý

ud/uscat

vlhký / suchý

cald/rece

teplý / chladný

război/pace

válka / mír

antonime - protiklady

0
zero

nula

1
unu

jedna

2
doi

dva

3
trei

tři

4
patru

čtyři

5
cinci

pět

6
șase

šest

7
șapte

sedm

8
opt

osm

9
nouă

devět

10
zece

deset

11
unsprezece

jedenáct

12

douăsprezece
dvanáct

13

treisprezece
třináct

14

paisprezece
čtrnáct

15

cincisprezece
patnáct

16

șaisprezece
šestnáct

17

șaptesprezece
sedmnáct

18

optsprezece
osmnáct

19

nouăsprezece
devatenáct

20

douăzeci
dvacet

100

o sută
sto

1.000

o mie
tisíc

1.000.000

un milion
milion

cifre - čísla

engleză
....
anglictina

engleză americană
....
americká anglictina

chineza mandarină
....
standardní čínština

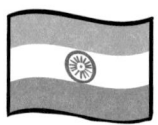

hindi
....
hindština

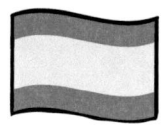

spaniolă
....
španělština

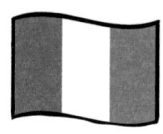

franceză
....
francouzština

arabă
....
arabština

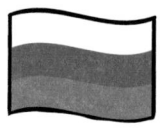

rusă
....
ruština

protugheză
....
portugalština

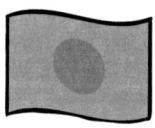

bengaleză
....
bengálština

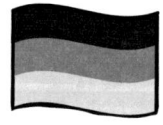

germană
....
němčina

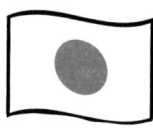

japoneză
....
japonština

eu

já

tu

ty

el/ea

on / ona / ono

noi

my

voi

vy

ea

oni

cine?

Kdo?

ce?

Co?

cum?

Jak?

unde?

Kde?

când?

Kdy?

nume

jméno

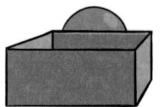

în spate

za

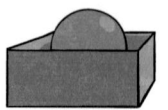

în

do

înainte

z

peste

nad

pe

na

sub

mezi

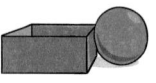

lângă

vedle

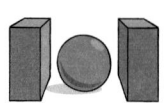

între

mezi

loc

místo